RICHARD WAGNER

PAR

CHAMPFLEURY

Prix : 50 cent.

PARIS
LIBRAIRIE NOUVELLE
BOULEVARD DES ITALIENS, 15

A. BOURDILLIAT ET Cie, ÉDITEURS

1860

RICHARD WAGNER

PAR

CHAMPFLEURY

PARIS
LIBRAIRIE NOUVELLE
BOULEVARD DES ITALIENS, 15

A. BOURDILLIAT ET C°, ÉDITEURS

1860

Paris. — Imp. de la Librairie Nouvelle, A. Bourdilliat, 15, rue Bréda.

RICHARD WAGNER

AU ROMANCIER BARBARA.

Elles ne sont donc pas perdues, mon cher ami, les longues soirées qu'il y a dix ans nous passions à étudier en compagnie les œuvres d'Haydn, de Mozart et de Beethoven.

Quand je quittai ces heureux quatuors de notre jeunesse, c'est que je compris combien étaient dangereuses les infidélités faites au livre. Les efforts nerveux dépensés au service de la musique étaient autant de perdu pour le roman; mais il ne m'en resta pas moins une vive curiosité pour les œuvres musicales modernes ou anciennes, et mercredi, 24 janvier 1860, à l'audition du premier fragment de Richard Wagner, je sentis pousser sur le riche fumier que nous avions amassé lentement pendant quelques années les fleurs charmantes de l'Initiation en musique.

Je *comprenais* la pensée du maître et c'est ce qui motive la présente lettre pour laquelle j'interromps les travaux les plus pressants, me souciant médiocrement des intérêts d'aujourd'hui et de demain, impatient de crier la vérité, ne pouvant échapper à la tyrannie de la pensée qui m'envoie au cerveau des phrases toutes faites sur l'œuvre de Richard Wagner et qui me commande enfin les lignes qui vont suivre frémissantes, laissant à peine à ma plume le temps de les tracer.

Richard Wagner ! Je retrouve ce nom logé dans un coin de ma mémoire par un critique académique, M. Fétis père, de Bruxelles en Brabant, Van Fétis, un rat de bibliothèque, un commentateur sans portée, un biographe à coups de ciseaux, qui a écrit quelque part que Wagner « était le *Courbet* de la musique. »

Comme vous le pensez, c'était dans la pensée du Flamand une insulte qui me donna longtemps à réfléchir. Que pouvait être un Courbet en musique ? C'est ce que je cherchai péniblement. Le grand peintre, assailli et insulté depuis si longtemps par les *gandins* des petits journaux, est un artiste remarquable avant tout par la puissance de son pinceau.

On peut découper dans chacune de ses toiles un morceau, c'est de la peinture ; mais comme les Français se connaissent médiocrement en peinture et qu'ils s'attachent avant tout au *sujet*, à *l'esprit* et au *joli*, Courbet ne pouvait être compris.

En même temps, l'accusation de *réalisme* venait se joindre aux efforts des jaloux pour empêcher le développement du maître, et il en était de ce mot de *réalisme* comme du titre de *Musique de l'avenir*, dont on a affublé ironiquement Richard Wagner.

Je parlerai plus tard du titre de *Musique de l'avenir*, dont les adversaires de Wagner se sont servis longtemps comme d'une massue, croyant l'accabler ; mais les massues des journalistes ne sont que des massues des Funambules, en toile peinte avec du foin dedans.

Ne faut-il pas avant tout adresser des remercîments aux critiques de profession dont tous les coups portent à faux ? Ils arrêtent d'abord la marche de l'homme fort, nuisent à sa fortune, jettent des bâtons dans les roues, creusent des ornières pour faire verser le char, élèvent des barricades vermoulues derrières lesquelles ils se tiennent tremblants, armés de vieilles seringues pleines d'encre. Tout d'un coup, après avoir réparé ses forces, après des mois de défaillance, l'artiste se relève fier, convaincu, fort, et d'un seul de ses regards il fait fuir les médiocrités, les jaloux, les impuissants, les inutiles, les pâles seringueurs d'encre et il traverse triomphalement la voie sur laquelle s'empresse une foule enthousiaste.

Tel est Wagner aujourd'hui, après la séance du mercredi 24 janvier 1860, qui restera une date dans l'éphéméride des arts.

Dès l'arrivée du maître à son pupitre, je compris à la physionomie de l'orchestre que la cause était gagnée. Les musiciens se dérangèrent avec respect et joie, impatients de commencer et saluant l'arrivée de Richard Wagner par des applaudissements d'archets sur le bois de leurs instruments.

Wagner est pâle avec un beau front dont la partie près de la racine du nez offre des bosses très-accusées. Il porte des lunettes et des cheveux abondants sans exagération. C'est une nature bilieuse, ardente au travail, pleine de conviction, les lèvres minces, la bouche légèrement rentrée et le trait le plus caractéristique dans les détails vient de son menton, se rapprochant de la famille des mentons de galoche.

Il y a en lui de la timidité, de la naïveté, du contentement des murmures d'une salle qui paraît disposée à écouter religieusement; de cette personnalité allemande et modeste jaillit une sorte de charme particulier auquel nous ne sommes guère habitués.

———

Cet homme, je le sens, n'a rien de commun avec les compositeurs excentriques qui s'habillent bizarrement, essayent d'influencer la salle par un regard satanique et secouent une longue crinière, plate comme des baguettes de tambour ou frisée comme un caniche.

Wagner s'est à peine tourné vers le public, sinon pour le saluer, et il est en train de donner ses dernières instructions aux musiciens groupés autour de lui.

———

Que se passe-t-il dans l'esprit de l'artiste qui tourne le dos au public, et qui va dans cinq minutes être jugé par des Parisiens, c'est-à-dire des êtres qui veulent être amusés avant tout, et dont les représentants les plus immédiats, les directeurs de théâtre, ont protesté de tout temps contre les tentatives nouvelles?

En cinq minutes, un jugement peut être rendu par ce jury frivole contre un homme qui donne en une heure le résultat de trente ans d'études, de souffrances et d'abnégation.

———

Et les musiciens qui n'ont répété que trois fois ces œuvres nouvelles!

Et les choristes mâles, qui sont d'honnêtes Allemands amateurs, qu'on a réunis à la hâte pour le concert!

On parle des émotions du condamné à mort quand le juge vient lui signifier que le moment fatal est arrivé. L'Art renferme des émotions non moins cruelles qui se répètent journellement.

———

Je n'ai pas le programme du concert sous mes yeux; par

quoi commençait-on ? Sont-ce des fragments de *Lohengrin* ou de *Tannhœuser ?*

Qu'importe ? Je ne prétends pas donner une analyse régulière de chacun de ces fragments, mais la somme de sensations que j'ai recueillies de l'ensemble.

J'avoue que l'*absence de mélodies*, dont les prétendus connaisseurs parlaient depuis longtemps dans les revues et les gazettes, me préoccupait vivement ; et les tentatives que j'avais entendues en France dans ce même sens, n'étaient pas propres à faire de moi un enthousiaste.

Des orchestrations étranges, des accouplements bizarres d'instruments à timbres ennemis, des mélodies singulières rompues tout à coup comme par un méchant gnôme, des armées formidables d'instrumentistes et de choristes, des télégraphes portant le commandement du chef d'orchestre à d'autres sous-chefs dans d'autres salles, à la cave et au grenier, me donnaient un certain effroi de cette *musique de l'avenir* d'outre-Rhin, dont les critiques *sérieux* ne parlaient qu'avec dédain.

Dès les premières mesures de l'ouverture, les critiques chagrins qui trompent le public par esprit de dénigrement hostile et par une jalouse impuissance, comprirent qu'ils n'avaient qu'à fuir, car Richard Wagner était applaudi par la foule frémissante, qui a le sentiment du Beau et du Juste, et qui se sentait remuée jusqu'au plus profond de son être par des ondes musicales qu'un navigateur venait de découvrir.

Absence de mélodies, disaient les critiques.

Chaque fragment de chacun des opéras de Wagner n'est qu'une vaste mélodie, semblable au spectacle de la mer.

Quel est celui qui, jetant les yeux sur l'Océan troublé ou la bleue Méditerranée, s'aviserait de vouloir y batir une petite maison blanche à volets verts ?

Une fois entré dans ces flots d'harmonie souveraine dont Wagner a le secret, ne serait-ce pas d'un idiot que de demander un petit air de la *Fanchonnette* ?

———

La musique de Wagner me reporte à des époques lointaines où seul, dans un petit village normand, étendu dans les genêts sur la falaise, je regardais la mer toujours belle et toujours nouvelle, défiant l'ennui, et portant aux grandes pensées.

———

Il y a un côté religieux dans l'œuvre de Wagner, le côté religieux que vous laisse une forêt épaisse, quand vous la traversez en silence. Alors se détachent une à une les passions de la civilisation : l'esprit quitte sa petite boîte de carton où chacun a la coutume de l'enfermer pour aller en soirée, au spectacle, dans le monde ; il s'épure, grandit à vue d'œil, respire de contentement et semble grimper jusqu'à la cime des grands arbres.

———

Ce ne sont pas des phrases.

Mais comment rendre, sinon par des analogies de sensations, la langue mystique des sons enivrants ?

———

Cependant il faut essayer de faire comprendre à ceux qui ignorent, que la musique de Wagner n'est pas de la *musique imitative*.

Dans la symphonie des Saisons, Haydn a tenté d'indiquer « le passage de l'hiver au printemps. » Ainsi que celles-ci les paroles suivantes sont textuelles : « *Les épais brouillards par lesquels l'hiver commence.* » Tentatives d'un grand maître qui ont amené à sa suite de singuliers disciples.

Coucher de soleil, la lune à demi voilée, le chant de l'alouette dans les blés et jusqu'au vol rapide d'un oiseau *à long bec* traversant le paysage, voilà ce que les singes de la *musique imitative* ont prétendu montrer dans leurs symphonies.

C'est là ce qu'on pourrait appeler dans le mauvais sens du mot, du *réalisme* en musique, l'enjambement monstrueux d'un art sur un autre art, le mélange frelaté aussi équivoque qu'une grappe de raisin greffée sur un poirier.

Wagner n'appartient en rien à cette école. Il semble puéril d'insister là-dessus ; mais j'écris surtout pour des gens qui ne pourront entendre ces concerts.

Le compositeur se rapprocherait plutôt des lignes que Beethoven a écrites en regard d'un passage de la Symphonie pastorale : « *Plutôt expression de sentiment que peinture.* » Belle parole plus juste que celle d'Haydn.

Ce n'est pas encore là ce qui peut rendre la musique de Wagner. Je ne connais ni le sujet de ses opéras, ni la splendide étoffe qui les recouvre. Je n'ai vu que des morceaux de cette étoffe. Il me semble qu'un fragment de tapisserie du moyen âge me tombe tout à coup sous les yeux. Des têtes de chevaliers dessinées à l'aiguille à grands traits apparaissent ; un varlet coupé à mi-corps tient un faucon sur le poing. Dans un coin de la tapisserie est écrit en lettres gothiques : 𝕬𝖒𝖆𝖉𝖎𝖘 𝖉𝖊 𝕲𝖆𝖚𝖑𝖊.

Toute une époque se déroule : les gestes de Charlemagne, les chevaliers de la Table Ronde, les douze preux, des personnages vaillants, plus grands que nature, avec des durandal formidables et des casques de géant.

Dans les fragments du *Tannhœuser*, de *Lohengrin*, de *Tristan et Isolde*, du *Saint-Graal*, sans qu'il y ait imitation de furieux combats, toute une époque chevaleresque reparaît, maintenant que de sang-froid je puis me recueillir.

Les personnages des drames de Wagner appartiennent à ces temps héroïques dont les frères Grimm ont recueilli pieusement les traditions en Allemagne. Quoique la fabulation du drame de Wagner n'appartienne pas au vieux poëme allemand de Parcifal, le *Lohengrin* du compositeur n'est-il pas le même que celui de la légende ?

« Lohengrin allait justement, en ce moment, mettre le pied à l'étrier ; alors parut sur l'eau un cygne qui traînait derrière lui une barque. A peine Lohengrin l'eut-il aperçu, qu'il s'écria :

» — Bonne nuit, mon coursier, à l'écurie ! Je veux aller avec cet oiseau et le suivre où il me conduira.

» Dans sa confiance en Dieu, il ne prit point de vivres avec lui ; après cinq jours de navigation sur la mer, le cygne fourra son bec dans l'eau et prit un poisson ; il en mangea la moitié, et donna l'autre moitié au prince. »

Aux Italiens, je n'ai pas voulu lire le livret : avant tout, j'avais soif de *musique ;* le *drame* m'eût préoccupé. Un concert n'est pas une représentation ; les vrais musiciens ne connaissent d'autre langue que la langue des sonorités et l'imprimerie n'a que faire devant un orchestre.

Plus tard, quand seront représentés les opéras dans leur ensemble, la question sera tout autre. Il sera bon de voir comment le compositeur, qui est son propre poëte, a fondu en un ces deux arts différents.

Après la première partie du concert, ce fut un bruit dans le foyer, des conversations haletantes, précipitées, des acclamations spontanées et des dénigrements sans portée. La bataille était gagnée, mais il y avait (ce qui ne se voit jamais dans la guerre), des esprits en arrière, embourbés dans un fossé, loin du danger, qui essayaient de médire du vaillant général.

Ils étaient peu nombreux, on les comptait et ils parlaient avec les grimaces et la colère de singes devant qui on admirerait une belle étoffe, et qui la déchireraient en mille morceaux.

Il paraît que l'artiste a besoin d'être excité par ces animaux malfaisants, car de même qu'aussitôt qu'un âne vient au monde, il pousse dix gourdins pour le rosser, à peine un grand esprit se montre-t-il dans l'arène, qu'il a à ses trousses cinquante aboyeurs.

L'ouverture de *Tannhœuser* était déjà connue à Paris de quelques-uns qui l'avaient entendue dans un concert à un franc, entre une polka et un quadrille, autant que le permettaient les aimables conversations des coulissiers et des filles; mais si les hommes avaient chanté plus juste le chœur de l'introduction, quel effet n'eût-il pas produit?

Il faut laisser aux critiques le soin de parler de dièses, de bémols, de tonalité, de modulations ascendantes, de chromatique, etc.; ce qui me reste à dire est plus intéressant.

Le fragment du *Saint-Graal* est un de ceux qui m'a le plus frappé par son mysticisme religieux et le frémissement de chanterelle des violons, à la fois doux, clair et transparent comme du cristal. L'orchestre s'anime peu à peu, et arrive à une sorte d'apothéose rayonnante, dorée comme le soleil, qui transporte l'auditeur dans des mondes inconnus.

Au moment de mettre sous presse, on m'a procuré le livret de concert. Il est bon de citer le fragment de Saint-Graal, tiré de l'opéra de *Lohengrin* :

« Dès les premières mesures, l'âme du pieux solitaire qui attend le vase sacré plonge dans les espaces infinis. Il voit se former peu à peu une apparition étrange, qui prend un corps, une figure. Cette apparition se précise davantage, et la troupe miraculeuse des anges, portant au milieu d'eux la coupe sacrée, passe devant lui. Le saint cortége approche ; le cœur de l'élu de Dieu s'exalte peu à peu ; il s'élargit, il se dilate ; d'ineffables aspirations s'éveillent en lui ; il cède à une béatitude croissante, en se trouvant toujours rapproché de la lumineuse apparition, et quand enfin le Saint-Graal lui-même apparaît au milieu du cortége sacré, il s'abîme dans une adoration extatique, comme si le monde entier eût soudainement disparu.

» Cependant, le Saint-Graal répand ses bénédictions sur le saint en prière et le consacre son chevalier. Puis les flammes brûlantes adoucissent progressivement leur éclat ; dans sa sainte allégresse, la troupe des anges, souriant à la terre qu'elle abandonne, regagne les célestes hauteurs. Elle a laissé le Saint-Graal à la garde des hommes purs, dans le cœur desquels la divine liqueur s'est répandue, et l'auguste troupe s'évanouit dans les profondeurs de l'espace, de la même manière qu'elle en était sortie. »

Que les esprits poétiques relisent ces lignes et les habillent des mélodies de l'imagination, ils pourront se faire une idée du profond sentiment musical du *Saint-Graal*.

Deux heures de cette musique m'ont laissé sans fatigue, heureux et plein d'enthousiasme.

Si Wagner se rattache à la grande école allemande de Mozart et de Beethoven, c'est par la simplicité de l'orchestration.

Le *bruit*, qui a égaré tant de compositeurs à la recherche d'effets nouveaux, est heureusement exilé de son œuvre.

Il est grand, éloquent, passionné, imposant avec peu de moyens : son orchestration est large, pénétrante, remplit la salle. L'attention n'est distraite par aucun instrument ; ils sont harmonieusement fondus en un seul.

———

On dit le grand compositeur brisé et portant des traces visibles d'altération sur sa physionomie.

Ce ne sont pas les fatigues de ces derniers concerts, l'accueil du public a été trop enthousiaste et trop décisif à la soirée d'avant-hier ; mais ce sont des angoisses et des amertumes de quinze ans que le temps enlèvera difficilement.

———

Quelle destinée que celle de Richard Wagner !

Qui ne connaît les dernières années de la vie de Beethoven, quand aigri, hypocondriaque, maladif, il étonnait ses compatriotes par sa vie solitaire ?

Beethoven, devenu sourd, conduisant l'orchestre malgré sa surdité, et s'efforçant de comprendre ses interprètes par le regard.

Il n'y a rien de plus terrible dans l'enfer du Dante. On croirait que le peintre Goya, aveugle à Bordeaux, peut seul marcher de pair dans l'infortune avec Beethoven atteint de surdité.

———

Richard Wagner a réuni en lui ces deux grands malheurs : sourd et aveugle.

Proscrit d'Allemagne à la suite d'événements politiques, il y a plus de dix ans qu'on joue ses opéras et qu'il ne peut ni les voir ni les entendre.

Ni *Tannhœuser*, ni *Lohengrin* n'ont pu lui ouvrir les portes de son pays natal.

Les Allemands ont acclamé son nom, ses œuvres ont défrayé tous les théâtres prussiens et autrichiens, et lui vivait retiré dans une modeste retraite à Zurich, écoutant le soir si le vent ne lui apportait pas des lambeaux de ses mélodies, à l'heure où ceux qui l'empêchaient de rentrer en Allemagne jouissaient de ses expansions musicales.

Est-il assez digne d'intérêt l'artiste qui n'entend ni ne voit ses musiciens et ses chanteurs? Les murmures d'une salle attentive, les frémissements électriques qui parcourent tout un public, jusqu'à son silence glacial quand le compositeur s'est égaré, tous ces enseignements, qui servent de jalons à une œuvre nouvelle, étaient perdus pour Wagner.

L'exil n'est pas un puissant mobile de l'Art. Beaucoup risquent de s'y éteindre dans d'amères récriminations ou des assoupissements morbides. Wagner a échappé à ces défaillances; retiré depuis quelques années à Zurich, il a composé deux opéras nouveaux, et il a choisi Paris comme le creuset où viennent se fondre et se faire contrôler les métaux précieux qu'on découvre à l'étranger.

Les trois concerts actuels qui vont se donner successivement ne sont que des pages détachées de grands poëmes déjà connus; au printemps, Paris pourra jouir des opéras inédits dans leur ensemble, sous la direction du grand maître, qui ne vient prendre la place de personne. Au printemps, accourront de toute l'Allemagne chefs-d'orchestre, maîtres de chapelle, cantatrices, chanteurs et choristes, toute une armée d'Allemands, empressé de recevoir les instructions de l'artiste.

L'audition à Paris des deux opéras de Wagner ne sera

qu'une sorte de *répétition* donnée à l'Allemagne ; mais quel intérêt offrira cette répétition ! Et ne faut-il pas remercier le Destin qui pousse à son gré les hommes çà et là, les transplante de leur pays natal pour activer les idées nouvelles sur une terre étrangère ?

L'homme est sacrifié, mais l'Art y trouve son compte.

Je cherche et je ne trouve nulle part de martyre comparable à celui de Wagner.

Dans son œuvre pas de colères !

J'aurais voulu entendre un fragment plein de tempêtes et de dissonances, qui fît mal aux oreilles, qui blessât le public jusqu'au sang. Par là l'artiste se serait vengé. Quel beau spectacle que celui d'hommes qui interdisent à un artiste de baiser le sol natal et qui en sont punis par le châtiment de mélodies agaçantes, faisant grincer les dents de ceux qui l'écoutent, s'accrochant aux souvenirs comme un voleur à un habit, apportant dans la nuit des cauchemars vengeurs !

Wagner s'est montré plus noble.

La beauté, la grandeur et le calme semblent les piédestaux sur lesquels il a posé ses légendes.

Chacun de ses opéras est une aspiration à cette *musique de l'avenir* dont les sots et les gens frivoles ont parlé sans la connaître.

Une félicité rayonnante ressort de l'ensemble de sa puissante harmonie.

Je l'ai dit dans la *Mascarade de la vie parisienne* :

L'artiste est une oie dont on cloue les pattes sur une planche et qu'on laisse mourir auprès d'un grand feu, afin que son foie augmente.

Par ce procédé, on obtient le pâté de foie gras. Quand il est bien accommodé, c'est un bon manger.

Nuit du 27 janvier 1860.

FIN

www.ingramcontent.com/pod-product-compliance
Lightning Source LLC
Chambersburg PA
CBHW061627040426
42450CB00010B/2708